A mon ami

avec toute l'amitié première

de souvenirs d'Écosse ..

Graines de rencontres

Paulette

Du même auteur

Aux Éditions L'Harmattan

- *L'école du manguier* (1994)
- *Le chant du ressac* (2000)
- *Une institutrice suppléante dans la tourmente de l'occupation de Bordeaux 1939... 1945* (2002)

Aux Éditions Alan Sutton

- *Femmes de marins pêcheurs à Arcachon* (2006)

5-7, rue de l'Ecole polytechnique ; 75005 Paris

http://www.librairieharmattan.com
diffusion.harmattan@wanadoo.fr
harmattan1@wanadoo.fr

ISBN : 978-2-296-07598-6
EAN : 9782296075986

Paulette Abbadie Douce

Graines de rencontres

D'une prise de conscience en Afrique à une humanité solidaire

L'Harmattan

Rue des Ecoles

Cette collection accueille des essais, d'un intérêt éditorial certain mais ne pouvant supporter de gros tirages et une diffusion large.

La collection Rue des Ecoles a pour principe l'édition de tous travaux personnels, venus de tous horizons : historique, philosophique, politique, etc.

Déjà parus

Marie GUICHARD, *Un cancer pour deux*, 2008.
Yves RANTY, Aurore MACHEMY, *Le triomphe de la santé. Tout malade est un bien portant qui s'ignore*, 2008.
Jacques FRANCK, *Le vieux communiste. Parcours du militant*, 2008.
Ayissi LE DUC, *Art de la danse et spiritualité*, 2008.
Joseph BONNET, *Le Chemin de Compostelle. Témoignage*, 2008.
Paule Louise DASSAN, *Le boulier solitaire*, 2008.
Pierre JENOUDET, *De la lumière aux ténèbres. Lieutenant en Indochine, 1951-1954*, 2008.
Bernadette LEDOUX-BRODSKY, *Ici et ailleurs. Parisienne dans le Maryland*, 2008.
Magui Chazalmartin, *Journal d'une institutrice débutante*, 2008.
Claude LE BORGNE, *Dites voir, Seigneur...*, 2008.
Sylvette DUPUY, *Souvenirs à ranger*, 2008.
Jacques RAYNAUD, *Parfums de jeunesse*, 2007.
Leão da SILVA, *Jésus révolutionnaire ! une condamnation politiquement correcte*, 2007.
Ma-Thé, *Portraits croisés de femmes,* 2007.
Jean SANITAS, *Je devais le dire. Poèmes*, 2007.
Madeleine TICHETTE, *La vie d'une mulâtresse de Cayenne. 1901 – 1997, Les cahiers de Madeleine.*, 2007.
Bernard REMACK, *Petite... Prends ma main*, 2007.

Je dédie ce livre à mes arrière petits-enfants en leur souhaitant du fond du cœur que la vie qu'ils abordent tout juste soit devenue plus humaine et plus fraternelle.

Mes remerciements vont à :

Patricia Mardon Forget, mon inlassable collaboratrice et amie dans la mise en page de mes ouvrages.

Bernard Gallet pour son amitié pleine de générosité.

Daniel Fronza, artiste peintre à Paris pour l'originale composition de la couverture.

Anne, Vincent et Célia pour leurs précieux conseils et l'intérêt toujours particulier qu'ils apportent à mes ouvrages.

Mes enfants et petits-enfants pour le soutien moral qu'ils m'apportent toujours.

Prologue

Après trente-huit années d'une carrière d'institutrice dans l'Education Nationale, j'ai vécu, comme tout retraité sans doute, le passage brusque d'une vie active, à celui de la retraite. La retraite… Temps de liberté, bonheur d'amorcer une nouvelle vie, riche en projets communs pour les couples heureux, perspectives d'une solitude plus grande à venir pour d'autres dont je faisais partie. Comment donner un sens à ces années de solitude qui se profilaient ? Ma vie allait-elle s'étioler sans nouvelles amitiés à découvrir, sans nouveaux engagements pour me rendre encore utile ?

Le fruit de mes recherches m'a conduite à offrir ma disponibilité à un petit pays de l'Afrique de l'Ouest, le Burkina Faso, sous l'égide d'une Association de Retraités Volontaires : AGIR Abcd[1].

Dans ce pays parmi les plus pauvres du monde, la chance m'a permis de travailler auprès de deux hommes hors du commun, œuvrant de toutes leurs forces chacun dans leur domaine pour apporter aide et solutions à leurs semblables, pour les sortir de cette grande misère que l'on ne peut même pas imaginer…

Le premier c'est Pierre Rabhi[2], né dans une oasis algérienne aux confins du Sahara, aujourd'hui paysan ardéchois, que les multiples péripéties de son parcours ont conduit à une vie d'engagement en faveur de l'écologie. Humaniste passionné, musicien, philosophe, écrivain… Je l'ai rencontré aux frontières du Sahara, au Centre Agro-Écologique de Gorom-Gorom. Là, dans ce Sahel qui se désertifie de plus en plus, il enseignait aux paysans locaux, avec dévouement et conviction, comment constituer un compost écologique savamment dosé pour remplacer un humus

---

1 AGIR Abcd : Association Générale des Intervenants Retraités, Actions de Bénévoles pour la Coopération et le Développement. Site : www.agirabcd.org

2 Pierre Rabhi : l'un des pionniers de l'agriculture biologique en France, expert international contre la désertification, poète et conférencier. Site : www.pierrerabhi.org

complètement disparu[3]... Disparition catastrophique due aux sécheresses successives et au ruissellement des eaux sur des sols dénudés par un déboisement anarchique. Il luttait ainsi contre une famine latente par une amélioration des récoltes.

Le second c'est Koudbi Koala[4], enfant pauvre du pays Mossi, au centre du Burkina Faso... Koudbi... Des qualités de cœur, de courage et de détermination. Abandonnant la sécurité d'un professorat d'anglais, il avait décidé de fonder une école pour les enfants non scolarisés de son village natal, essayant aussi de reprendre en main des adolescents qui avaient abandonné leurs études, faute d'argent, afin de leur donner une nouvelle chance dans la vie. Il avait créé, en même temps que son école, une troupe de danse et de percussions africaines qui permettait, par ses prestations, le financement des besoins scolaires.

De longues années auprès d'eux, dans une confiance réciproque, à la découverte de l'agro-écologie avec Pierre Rabhi, dans la poursuite de mon métier d'enseignante avec Koudbi Koala.

Des années, riches, pleines de rencontres, de travail en commun, d'échanges, d'amitiés fortes qui ont jalonné et comblé ma retraite au-delà de mes espérances.

3 Paulette Abbadie-Douce, *Le Chant du Ressac*, Éditions L'Harmattan.

4 Koudbi Koala : Fondateur du Centre Benebnooma à Koudougou (Burkina Faso), directeur du festival « Les nuits atypiques de Koudougou ».

Préface

Paulette, la douce comme tout le monde aimait l'appeler dans le secteur 10 à Koudougou ! Une femme qui, par amour des autres, a donné trois ans de sa vie à l'association Benebnooma, une structure qui, depuis sa création en 1984, a comme cheval de bataille la formation des exclus du système scolaire classique. Paulette la douce, pendant son séjour de trois ans à Koudougou, a contribué à former ces jeunes dont la plupart aujourd'hui volent de leurs propres ailes. Des noms comme Babou, Karim, Maurice, Bagnoumgné, Lazare en disent long à Paulette …

Paulette la douce a découvert ses talents d'écrivaine à Benebnooma, car depuis son premier livre « l'Ecole du manguier », elle n'arrête plus et en est aujourd'hui à son cinquième livre, tous agréables à parcourir.

Paulette la douce, tu fais partie de l'histoire de Benebnooma car ne dit-on pas en Afrique que : « la connaissance transmise immortalise son auteur ».

Koudbi KOALA

Jérémy

1987, 7 heures 30 du matin. Le soleil est levé depuis 6 heures. L'heure bénie, qui suit la montée implacable de l'astre rouge sur l'Afrique, commence à perdre de sa douceur, le bleu du ciel se durcit, les ombres se font plus franches. Ma classe-paillotte s'anime. Les semelles de caoutchouc récupere des tongs de plastique raclent le ciment coulé sur la terre battue de la classe. Deux murs à mi-hauteur découvrent la poussière du terrain de latérite rouge qui s'élève sous les pas des enfants en retard qui courent. Les élèves bavardent, filles en boubous colorés, tee-shirts hétéroclites, pantalons élimés. Echanges en mooré[5], une langue que j'ignore.

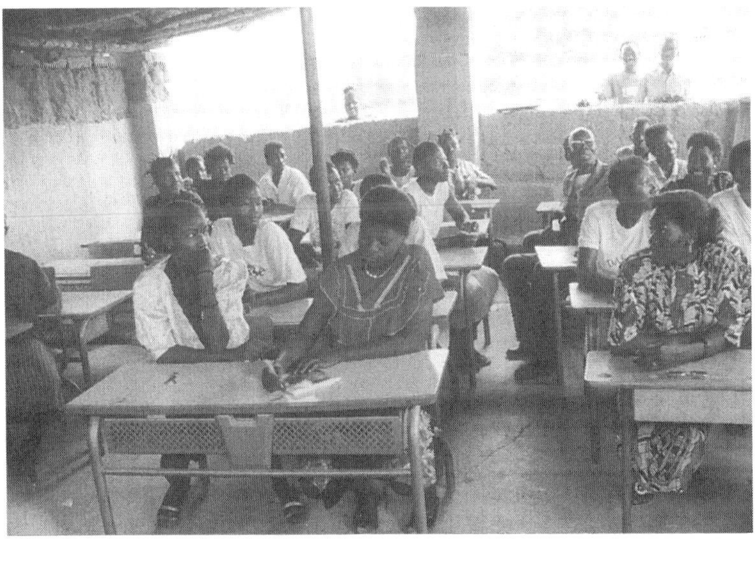

Un groupe de mes élèves dans une classe-paillote

5 Mooré : langue des Mossis, ethnie du centre du Burkina.

Je laisse faire, je laisse éclater leurs rires qui fusent entre les *discussions à plaisanteries* comme ils les appellent, moqueries sans méchanceté inter-ethnies ; ils ont besoin de ça pour débuter la matinée studieuse. Et puis, j'attends, nous attendons tous, comme chaque matin… plus ou moins longtemps ! Bientôt, émergeant du sentier en haut de la colline, auréolée d'une poussière ocre, une longue forme maigre se profile, se précise… « Le voilà », nous avons tous reconnu sa démarche dégingandée, ses longues jambes… Et, très vite, sa silhouette familière s'encadre dans la porte. « Excusez du retard… ». Mon sourire, chaque matin, accompagne à son entrée les moqueries affectueuses de ses camarades. La classe va pouvoir commencer… Ce garçon, attendu chaque matin, c'est Bagnoumgné. Je ne sais pas si vous saurez prononcer ce prénom, moi je n'y suis pas arrivée, ce qui nous a valu de grands éclats de rire, francs et sonores comme je les aime, jusqu'au jour où il m'a dit qu'il s'appelait aussi Jérémy… et *Jérémy* a été adopté.

Jérémy habite à Réo, à huit kilomètres de l'école. Il fait sa route à pied, chaque matin et chaque soir. Le père est mort. Au village, la mère élève ses six enfants. Jérémy a seize ans. Il a eu son certificat d'études à Réo, il a fait une ou deux années d'études au lycée provincial de Koudougou. Et puis, « l'argent posait problème », selon son expression, alors il est resté au village. Quand le tambour d'aisselle a retenti à travers la brousse, annonçant qu'une Française était arrivée à Benebnooma[6] et prenait en charge des jeunes exclus du système scolaire faute d'argent, Jérémy n'a pas laissé passer cette occasion. Benebnooma, c'est loin, il n'a pas de vélo, alors il marche, il marche… comme j'ai vu marcher toute l'Afrique depuis que je suis là, les femmes surtout : elles marchent, cambrées et royales, un seau rempli d'eau sur la tête, des calebasses pleines de marchandises, là, sur des routes sans fin, vers des marchés perdus… elles marchent en file sur le bord du goudron, frôlées par d'énormes camions surchargés ou des taxis-brousse débordant de grappes humaines.

---

6 Benebnooma : nom de l'école. Prénom africain qui veut dire « celle qui rassemble ».

Les femmes marchent sur des routes sans fin, vers des marchés perdus….

Un taxi-brousse dans la savane africaine

Donc Jérémy marche depuis Réo. Ce matin, il a des livres dans sa main droite. Il aime bien porter des livres, il aime leur contact et peut-être que, quelque part dans sa tête, il affirme ainsi sa fierté d'étudier auprès du monde misérable qui l'entoure. Dans sa main gauche, il tient une lourde poche en plastique. Elle était blanche, peut-être, en quittant Réo, mais la poussière ocre de la route lui a fait perdre sa virginité. Et dans un grand sourire qui découvre ses longues dents proéminentes : « C'est pour vous, ma vieille n'avait pas eu le temps de les cueillir plus tôt ». Sa vieille, c'est sa mère, rien d'irrespectueux en Afrique, c'est la coutume... Et mon cœur chavire d'un mélange d'émotion, de compassion... de quelque chose que je n'ai jamais éprouvé de ma vie et là, devant ce sac poussiéreux empli de petites tomates rouges et vertes, je ne sais que serrer très fort ces mains moites et poussiéreuses, ne sachant que lui dire « Merci Jérémy, merci Jérémy... » alors que ses yeux brillent de bonheur et que les miens se mouillent de larmes !

Le mal de l'Afrique

Pourquoi ce souvenir si fort surgit-il, tant d'années après ? L'Afrique me poursuit. Dans ces années folles que nous vivons où cyclones, tremblements de terre, tsunamis, banlieues à problèmes, crise aviaire, chikoungounia, vache folle, misère, chômage, pauvreté qui grandit, discriminations raciales..., font la une des journaux, une nouvelle passée très vite à la télé, comme toujours, m'a bouleversée : des cas de grippe aviaire au Niger ! Le Niger, c'est l'Afrique, et là-bas le poulet est roi. Et les routes du village, que j'arpentais en vélo, en évitant les poules sauvages, ont ressurgi tout à coup, aussi présentes, aussi brûlantes, aussi délabrées... Les poules sont partout, voisinent avec les pintades sauvages ; les poules sont la survie du peuple, elles picorent sans arrêt, cherchent leur nourriture, elles n'ont pas le droit à la poignée d'avoine que la fermière française jette à la volée. Elles sont maigres bien sûr, mais qu'importe... c'est bon et ce n'est pas cher à nourrir. J'entends à nouveau Mado s'étonnant de ma poule couchée sous mon manguier, avec qui je partageais mon riz du repas : « On ne dirait pas une poule d'Afrique, Paulette, les nôtres ne sont jamais couchées, elles picorent sans cesse... ». Je ne lui ai jamais avoué que je la nourrissais.

Et une catastrophe sanitaire possible a surgi dans mon esprit, une de plus. Mais on ne s'attarde pas sur l'Afrique... on ne compte pas les oiseaux morts, il n'y aura pas de périmètres sanitaires. Afrique, oubliée dans sa misère... pourtant on a compté quelques morts d'enfants dans la Turquie profonde qui vit, elle aussi, avec ses poules dans les cours délabrées...

Pourquoi cette fracture incommensurable entre nos pays nantis, gorgés de surproductivité et ce tiers-monde dont quelques images fugitives d'enfants faméliques fusent le temps d'un reportage, jeunes visages où les mouches s'acharnent autour des yeux purulents, images vite oubliées dans un défilé de mode étincelant de paillettes ou une publicité pour chats dodus et gourmands ? Notre planète est une, et il semblerait logique que tous ses habitants aient leur part de nourriture, aussi variée que les pays qui la composent. Mais non, une grande partie meurt de faim, on le sait, on l'annonce… « Si le riz n'arrive pas d'ici un mois, les enfants mourront… ». L'annonce est faite, et jamais, jamais on ne nous dit si le riz est arrivé… ou si les enfants sont morts.

À la rencontre de l'Autre

Pourquoi, dans ces années 80-90, me suis-je trouvée là-bas, dans ces terres brûlantes alors que je pouvais vivre ma retraite dans un coin de rêve ? Tout simplement parce qu'une terrible séparation d'un être aimé m'avait profondément affectée. Que faire quand le chagrin vous ronge... quand la déprime vous guette ? Se laisser aller ? Penser que sa vie est finie ? Alors, courage ou inconscience, appelez-le comme vous voulez, j'ai choisi de partir loin, de faire une grande cassure, de me griser, d'essayer d'oublier dans des terres lointaines, d'occuper mon esprit et surtout d'être utile à quelque chose.

Et j'ai fait le grand saut, et subi le choc des civilisations. J'ai rencontré l'Autre, celui de l'autre continent, noir de peau. Nous nous sommes tendu la main et nous avons fait un long chemin ensemble. J'ai mesuré mes ignorances, je ne savais pas car je n'avais pas vu. Quand j'ai compris que tant de préjugés nous séparaient et que nous étions capables de travailler ensemble, de s'accepter mutuellement, qu'ils étaient mes égaux, que j'étais leur égale, alors je me suis dit que j'étais privilégiée, car j'avais réussi, en arrivant au bout de mon obstination, à favoriser cette rencontre des peuples qui a bouleversé mon optique de vie.

En me retournant sur ce passé si proche encore, de plus en plus, je persiste à croire que la *Rencontre* résoudrait beaucoup de problèmes qui agitent une France où les nantis vivent dans leur bulle, où l'égoïsme prime souvent... Pourtant, les voyages n'ont jamais tenu une si grande place et les agences de voyages pullulent.

Voyages organisés... trop souvent organisés pour cacher la misère, celle qu'il ne faut surtout pas voir... il faut revenir les yeux pleins de rêves sur des paysages idylliques, sur de joyeuses soirées où la chère était bonne et le vin abondant, dans des hôtels de luxe, à deux pas des bidonvilles où sévit la misère. Il faut que les rêves se poursuivent avec d'autres projets, d'autres destinations... et les dépliants touristiques avidement consultés sont là pour les entretenir. L'argent est roi, les agences engrangent...

Ces voyages-là ne font rien pour la rencontre des peuples, sinon satisfaire un simple besoin de passer du bon temps, le plus loin possible dans sa vieillesse, en s'accommodant au mieux d'un corps défaillant.

Pour moi, voyager c'est aller à la rencontre de l'autre et désirer très fort cette rencontre. C'est découvrir l'envers du décor, savoir comment vivent les autochtones des pays traversés, c'est apprendre coutumes et langages, conjuguer la beauté d'un paysage avec ce qui se cache derrière, c'est revenir riche de merveilles entrevues, mais, aussi, compatissant envers un autre visage de l'humanité. C'est revenir différent de l'échange avec l'autre, réaliser que le mot **fraternité**, au frontispice de nos bâtiments officiels, est trop souvent un mot vide de sens.

Voyager ? Combien de rêves espérés, mais jamais réalisés, faute d'argent. Tant de misères autour de nous, tant de smicards dont l'horizon se borne à survivre, tant d'enfants de nos écoles publiques qui n'ont jamais vu la mer, ni les champs de neige vers lesquels des colonnes de voitures se lancent à l'assaut aux vacances d'hiver, faisant la part belle à la course médiatique de nos journaux télévisés…

Ma pierre à l'édifice

Aurais-je pu imaginer le dénuement des écoles de brousse africaines si je n'avais rencontré ces jeunes instituteurs venus se mêler, à Gorom-Gorom, durant leurs vacances, aux paysans sahéliens pour apprendre les méthodes naturelles de compostage de Pierre Rabhi afin d'améliorer les récoltes de leurs jardins scolaires, dont la vente servirait... à l'achat des fournitures scolaires pour leurs élèves ?

Jeunes instituteurs de brousse rencontrés à Gorom Gorom

Aurais-je découvert un Jérémy et tant d'autres jeunes si une exemplaire association de retraités volontaires[7], dont le but est d'utiliser les compétences bénévoles au service de tant de besoins à travers la planète, ne m'avait permis de le faire ? Certainement non, car, grâce à elle, j'ai pu réaliser la Rencontre et, par la suite, le partage, et le mot Fraternité a, depuis, pour moi, une autre

7 AGIR Abcd, déjà citée.

résonance. Au retour de ces années si riches, partager et faire savoir ont été mes vœux les plus chers. Ceux qui n'avaient pas eu mon opportunité de partir devaient savoir ce qui se passe là-bas, dans une Afrique oubliée où le partage des richesses mondiales n'arrive pas, où les ressources locales sont trop souvent exploitées par des entreprises multinationales au profit de grands groupes industriels qui n'hésitent pas à s'installer sur leur sol, ghettos de riches au cœur de la misère où les responsables et leurs familles vivent à l'européenne, en circuits fermés où sont assurés nourriture, santé, éducation, hygiène… tout ce qui manque au-delà de leurs barrières protectrices.

Dans mon modeste impact médiatique, j'ai parlé. J'ai fait des conférences. J'ai visionné mes diapos dans des classes d'enfants ébahis devant la misère des écoles, devant des adultes compatissants, c'est vrai.

Une classe dans une école primaire gouvernementale, proche du centre « Benebnooma »

Mais, tel un écran de fumée qui cache la vision normale de notre environnement, on le dissipe vite pour retrouver nos solides assises sécuritaires… J'ai écrit le récit de mes trois années scolaires là-bas[8], où Jérémy et ses camarades s'épanouissaient avec un bonheur égal au mien. J'ai écrit l'amitié donnée spontanément, celle qui marque une vie pour ne plus s'effacer, celle dont mon cœur meurtri avait tant besoin. J'y ai raconté l'eau acheminée sur les têtes des femmes, venant de puits lointains, les bébés auxquels on donne à boire, dans la première boîte qui traine, les femmes qui trient les cailloux dans la poussière, dans les faubourgs de la capitale, petits tas de différentes grosseurs qui seront vendus pour l'entretien des routes, petits gains misérables… Autant de témoignages, pris sur le vif, qui ont touché leur public, vraiment, sur le moment. Mais tout cela s'estompe autour de moi. Je réalise, alors que s'approche mon quatre-vingt sixième anniversaire, que l'écran de fumée qui, un temps, obscurcissait la vision normale de notre égoïsme sécuritaire, s'est peu à peu épaissi au point que ce genre de témoignages n'occupe plus guère l'esprit de nos citoyens.

8 Paulette Abbadie-Douce, *L'école du manguier*, Éditions L'Harmattan.

Le relais

Et pourtant, bien en vue sur mon bureau où je noircis ces pages, deux photos récentes de Jérémy sont là pour me prouver que ma grande aventure a laissé des traces : oui, Jérémy, cet enfant, devenu adulte, est, depuis l'an dernier, instituteur à l'école où je le formais, et transmet à son tour le savoir que je lui ai inculqué !

L'une de ces deux photos est prise devant la boutique d'un photographe, une de ces petites boutiques hétéroclites plantées au hasard le long des trottoirs poussiéreux des faubourgs et que je revoie si bien avec leurs persiennes ocres de poussière, leur banc de bois brut destiné à la clientèle, et leur enseigne souvent cocasse comme celle de ce photographe « développement 17 minutes et tirage ». Jérémy, sac en bandoulière, un vélo à la main, pose pour moi… et je retrouve son regard. Un vélo à lui ? Je ne sais, mais je le souhaiterais tant !

L'autre est prise dans sa classe, devant son bureau où des cahiers sont empilés, une classe avec de vrais murs maintenant, un tableau aux lignes régulières. Il *tient* le CE1 à Benebnooma comme il dit, il me l'avait annoncé, et ces deux photos sont là pour concrétiser à mes yeux une réussite à laquelle je ne m'attendais pas et qui me comble d'émotion. Oh ! On ne lui a certainement pas exigé une licence mais on a jugé qu'il méritait sa place auprès des enseignants de cette école pour des enfants aussi déshérités qu'il pouvait l'être à leur âge. Il avait compris sa chance de se perfectionner auprès de moi, il transmet comme un relais ce savoir à ceux que la pauvreté éloigne encore, hélas, de l'école, trop souvent, sur ce continent. Merci Jérémy de me prouver que la graine que j'avais semée porte encore ses fruits. Ton petit salaire t'apporte néanmoins ta dignité d'homme libre et ta tenue propre et correcte devant ce bureau de maître est le reflet de ta place dans la société, que tu as su conquérir.

Jérémy devant la boutique du photographe

Merci Jérémy de me faire partager ta réussite. Les jeunes que tu formes à l'école et ceux vers lesquels tu te penches, me dis-tu, *au village,* pour les alphabétiser, auront eux aussi, sans doute, un jour, la chance, par leur savoir, de se faire une place dans la vie.

Et ce sont leurs progrès, que tu mesureras au fil des jours, qui te donneront la force de poursuivre.

Jérémy, instituteur à Benebnooma en 2007

Maurice, compagnon de classe de Jérémy, dont j'avais pu admirer les talents en dessin, ne s'est-il pas acharné, lui aussi, à reprendre des bases de calcul et de français bien lointaines ?

Rencontre avec Maurice au marché africain de La Teste
Août 2007

Il a aujourd'hui son entreprise de *batiks*[9] avec 4 ou 5 ouvriers... Imaginez le bonheur qui est le mien de le côtoyer en France, au marché africain de La Teste de Buch ou aux *Nuits atypiques de Langon*[10], un festival annuel, où il expose et vend avec Appo, son ami, les fruits de son travail, alors que, près de lui, je présente mon livre *L'école du manguier*, l'école où ils ont été mes élèves.

Colette, jeune fille opiniâtre, sérieuse, attentive à tous mes conseils, se prenant au jeu de mon enseignement ne m'avait-elle pas écrit un jour, pour m'annoncer son succès au Brevet, et, plus tard, l'obtention d'un poste de secrétaire dans une administration quelconque ?

Le grand Marcellin, mon élève de confiance, la gentillesse et la prévenance personnifiées, factotum indéracinable de ce Centre Benebnooma auquel il s'est consacré depuis sa création, et que j'ai revu, à chacun de mes retours, avec le même bonheur réciproque. Il est aujourd'hui agent de liaison à la mairie de Koudougou... un seul regret, il n'a pu réaliser son rêve : m'amener à son village pour rencontrer ses vieux !

Lazare, passionné par toutes les activités extra-scolaires que nous organisions, avait présenté, avec quel succès, un soir de kermesse, une saynète comique en mooré pour les parents d'élèves serrés sur des bancs de bois autour de la paillote centrale du village ! Leurs éclats de rire fusaient avec bonheur dans la nuit sans lune... Il est à présent créateur de films au sein d'un organisme belge.

Maria aussi avait suivi avec succès mes trois années d'enseignement et je la retrouvais aussi avec fierté, comme secrétaire appréciée au bureau d'information... de l'école à chacun de mes retours. Hélas, morte du sida quelques années plus tard.

Et tous ces jeunes apprentis au Centre, à la section mécanique, qui récupéraient joyeusement les vieux vélos envoyés de France par camion et que je voyais, dans leurs ateliers, à l'image des Compagnons d'Emmaüs, occupés à utiliser trois vieux vélos pour

9 Batik : peinture sur tissu.
10 La Teste et Langon, deux communes du Sud-Ouest de la France (en Gironde).

en fabriquer un neuf ! Vélos loués souvent, à des étrangers de passage : petits profits inestimables…

Et cet atelier de cordonnerie que j'ai vu se créer en 2000, alors qu'une ONG hollandaise venait aider nos jeunes à développer le football, et où l'on réparait toutes les chaussures de sport usagées qu'ils pouvaient recevoir !

A Benebnooma, on récupère joyeusement les vieux vélos venus de France

L'espoir

Je peux mesurer aujourd'hui, encore plus, combien le pari de Koudbi Koala, fondateur du Centre Benebnooma et de la troupe Saaba qui le fait vivre grâce au profit de ses tournées, a réussi.

La troupe Saaba présente la danse des Cavaliers rouges

Koudbi avait sacrifié sa carrière de professeur d'anglais pour se consacrer aux enfants pauvres de son village natal. Sa troupe poursuit inlassablement sa tournée à travers la France et l'Europe, il veut en fêter cette année le 25ème anniversaire. Il en délègue à présent la direction, occupé à d'autres causes généreuses pour l'avenir de son pays et du monde. Je suis sûre que tous les nombreux jeunes qui gravitent autour de cette école et du centre technique qui s'y rattache, ainsi que les jeunes artistes de la troupe, n'iront pas remplir les embarcations de jeunes désespérés, en route vers un eldorado, vers un destin illusoire et si souvent tragique, hors de leurs frontières, pour une vie a priori meilleure…

Ceux-là sont sauvés, comme seront sauvés tous ceux qui construisent un projet chez eux, dans les domaines les plus variés, et qui s'y accrochent. Ils restent au pays, fiers de leur réussite, comme je suis fière et émue d'y avoir apporté ma contribution.

Les aider à construire un projet chez eux ? Voilà, me semble-t-il, le moyen le plus sûr et le plus humain d'arrêter cette tragique hémorragie de fuites ! Il y a tant à faire sur ce continent et sur tant d'autres où la misère n'a d'égale que l'insolente richesse qui lui fait face !

Le monde ne peut continuer à se voiler la face. Un réveil des consciences est indispensable. Dans ce petit monde de Benebnooma, minuscule goutte d'eau rafraîchissante au pays de l'harmattan[11], Joëlle, à son tour, apporte sa pierre. Fille de Chalosse, elle m'a accompagnée, un jour, avec sa caméra. Elle a vu, elle aussi, elle a fait la Rencontre, et un réseau de parrainage scolaire dépendant du Centre s'est instauré sur son initiative. Chaque année, des jeunes de plus en plus nombreux peuvent poursuivre des études en collèges et lycées grâce à la générosité de donateurs français. À chaque rentrée scolaire, Joëlle est présente et partage équitablement livres et fournitures achetés sur place pour faire vivre libraires et papetiers du pays… La graine continue à porter ses fruits.

---

11 Vent chaud qui vient du Sahara.

Un cri d'alarme

Les années passent, l'ancrage de Benebnooma est solide, là-bas, je le pense très fort. Mais ici, autour de nous, dans notre patrie des « droits de l'homme », la fracture sociale n'a peut-être jamais été aussi grande. Un monde de nantis cohabite avec une pauvreté qui bat des records de pourcentages ! N'est-il pas temps d'y porter remède ? Que cette Rencontre révélée au cours de mes pérégrinations africaines puisse servir de base dans notre pays malade de ses disparités ! Nobles projets, idées généreuses… où est la solution ? Elle doit exister, elle existe déjà au sein de tant d'associations caritatives, qui se battent chaque jour devant l'ampleur des problèmes, pour soigner, nourrir ici, habiller là, apporter l'aide aux devoirs… occuper les jeunes désœuvrés… Secours populaires de tous ordres où le courage, le désintéressement, la générosité animent des bénévoles qui savent donner de leur temps et de leur cœur pour rendre la misère un peu plus supportable. Immense mérite de tous avec des moyens forcément limités, puisque dus à la générosité de quelques âmes sensibles. Ce n'est pas tous les jours qu'un Abbé Pierre ou un Coluche réussiront à réveiller les consciences au point que leur combat soit devenu - hélas - une durable réalité quotidienne !

Et pourtant, ce réveil des consciences doit être, il doit devenir une cause nationale si nous ne voulons pas transformer une animosité qui sourd chaque jour un peu plus dans les milieux si pauvres, en une explosion de haine, meurtrière et dévastatrice dont nous serions responsables !

Il faut organiser, à la plus haute hiérarchie de l'État, cette rencontre. Il faut agir auprès des jeunes générations afin de stopper tant l'égoïsme des nantis que la méconnaissance des milieux favorisés dans les quartiers dits *difficiles*.

Programme utopique, me diriez-vous ? Non, si l'État prend conscience de ces méconnaissances réciproques, et des dangers qui s'ensuivront si nous continuons à nous voiler la face.

Cette Rencontre, il faut l'imposer. Jusqu'à présent, l'école en était le creuset, pour les plus jeunes, et l'instauration de la carte scolaire avait été le meilleur moyen de faire se côtoyer toutes les classes de la société à une époque où pourtant, ces problèmes n'étaient pas si récurrents ! Je me souviens y avoir veillé jalousement dans ma carrière d'institutrice. Dans les cours de récréation, inestimables terrains de rencontre, se mêlaient avec bonheur, dans l'ardeur des jeux, des enfants de toutes races et de toutes couches sociales mêlées. Alors que le problème de ces rapprochements devient d'une extraordinaire acuité, voilà que l'on parle d'« assouplir » cette carte scolaire et peut-être de la supprimer !

Et tandis que s'écoule le flot des parents à l'affût des lycées les plus cotés, d'un « bon milieu », les chefs d'établissement soumis à cette pression médiatique nouvelle font leur possible pour les satisfaire. Alors que, une fois de plus seront écartés des jeunes valeurs des banlieues dont les parents, hélas, souvent ignorants des dernières décisions ministérielles, n'auront pas eu l'occasion de plaider pour eux. Ils resteront dans les lycées ghettos de leur banlieue et la Rencontre s'éloignera d'autant.

Pourtant, cette carte scolaire qu'il était obligatoire d'appliquer ne causait guère de problèmes dans ma génération. Les parents s'y conformaient tout naturellement, quelques rares dérogations étaient accordées quand des problèmes familiaux se présentaient… Mais la course aux résultats est là, les renommées des établis-sements se font et se défont, influencées trop souvent par les jugements sans fondements ou trop hâtifs de parents obnubilés par la réussite de leurs enfants et qui n'hésitent pas à mettre en doute la valeur des enseignants. La confiance en ces derniers s'émousse au profit souvent des cours privés… et il n'est pire faute que de les discréditer auprès des enfants, si prestes à juger de toutes choses dans le règne de l'enfant-roi ! Choisir ce métier est pourtant une vocation noble, humaine, et il ne mérite pas les critiques et reproches qui lui sont trop souvent attribués.

Ce n'est donc pas de cette façon-là que la Rencontre deviendra la cause nationale qui doit s'imposer pourtant ! Alors, que faire ?

Il y a vingt ans, environ, existait encore dans notre pays un service militaire auquel tous nos jeunes devaient se soumettre à partir de l'âge de dix-huit ans. Loin de moi la pensée de me réjouir de l'apprentissage du maniement des armes. Mais on avait pour ce service su créer toute une organisation matérielle et imposer les budgets nécessaires à son accomplissement. Certes, cette perspective ne réjouissait pas toujours notre jeunesse. À dix-huit ans, il fallait suspendre ses études durant le temps dévolu au service, pour les reprendre ensuite. Peu à peu, des sursis ont été accordés et le service reporté à la fin des études quand c'était possible. Certains, on en parlait peu, c'est vrai, considérés comme en marge de la société, étaient contre toute idée d'un service *militaire* obligatoire, partisans souvent de la non-violence en raison de leurs convictions religieuses ou philosophiques, on les appelait les objecteurs de conscience. L'état leur accordait, à la place, un service, toujours obligatoire, mais civil, d'une durée de vingt mois, dans une administration de l'État, une collectivité locale ou une organisation agréée.

Objecteurs ou pas, tous les jeunes Français étaient soumis à cette obligation.

Si l'on n'est peut-être pas d'accord sur le choix militaire qui en était fait, il avait pourtant le grand mérite de participer à la Rencontre des jeunes de tous milieux, de toutes confessions religieuses, cette Rencontre qui devient si urgente de nos jours. Combien de souvenirs égrenés par nos anciens, souvenirs de copains rencontrés au hasard des affectations, avec lesquels s'étaient liées souvent des amitiés qui duraient toujours. Combien de petits-enfants s'amusaient des récits de leurs grands-pères, des exploits plus ou moins cocasses réalisés durant ces périodes riches en amitiés réciproques dans des moments bons ou mauvais mais vécus en partage.

Un président de la République a pris la décision de supprimer complètement ce service militaire, après que ses prédécesseurs en eurent augmenté ou diminué la durée. Soit. Soulagement pour toute une jeunesse qui se satisfait de moins en moins de contraintes de toutes natures, à plus forte raison quand elles lui sont imposées.

Il est vrai que les guerres chimiques, biologiques, ou nucléaires dont nous sommes menacés, ou celles, horribles, auxquelles nous assistons en direct sur les chaînes de télévisions ne nécessitent plus un apprentissage particulier, auquel étaient soumis nos jeunes conscrits, censés défendre de leur vie sur les champs de bataille, les populations civiles à l'abri, à l'arrière !

Apprentissage militaire banni, nul ne peut s'en plaindre.

Cependant, d'autres guerres fratricides ont surgi, insidieuses, odieuses et elles ont pour nom racisme ou refus de l'autre, et ces guerres-là ne sont pas près de s'éteindre avec la diversité de races, de couleurs qui foisonnent sur notre territoire national. Faut-il chasser l'étranger ? Non, car il est notre richesse. Et pourtant ces guerres font des victimes et des coupables sont châtiés… nos prisons sont surpeuplées de ces coupables-là qui ne devraient pas y être s'ils se connaissaient mieux, si les occasions de la vie les avaient fait se rencontrer, se parler, se connaître et s'apprécier. Ce n'est pas dans ces univers carcéraux où s'entretient la haine que seront résolus les problèmes qui minent nos jeunes.

Les discours moralisateurs, les punitions n'y font rien ? Alors, il faut s'y prendre autrement.

On a su rendre obligatoire un service militaire, on l'a aboli… remplaçons-le par un autre service tel que le comprenaient nos objecteurs de conscience. Appelons-le service civil et rendons-le aussi obligatoire. Faisons sacrifier à tous nos nouveaux adultes, à partir de dix-huit ans, un peu de leur jeunesse pour ouvrir les yeux sur les problèmes de notre société et du monde. Ne nous contentons pas de volontaires car ce seront toujours les mêmes esprits généreux par nature qui iront vers les autres. Imposons cette Rencontre qui pourra prendre toutes les formes possibles organisées par les concepteurs de ce service. Il y a tant d'occasions de créer des brassages, les associations existantes en seraient les figures de proues et se verraient valorisées d'autant. Mais que les concepteurs gardent à l'esprit qu'ils deviendront dépositaires d'une nouvelle génération où vieux et jeunes se parleront, où riches et pauvres se confondront dans un même objectif, où s'imposera la valeur de l'homme et non celle de sa couleur de peau ou de sa religion… Quelques mois obligatoires pendant lesquels, sans sombrer dans une béatitude naïve, des esprits s'ouvriront, des vies prendront peut-être des orientations nouvelles.

Je sais que cette proposition a déjà été l'objet de nombreux débats autour de la notion d'obligation. Et pourtant, dans l'état actuel de notre société, je pense que le moment est venu d'imposer cette rencontre. On dit ici et là qu'il ne faut pas remplacer la contrainte du service militaire par une autre contrainte, qu'il vaut mieux convaincre que contraindre. C'est sûr. Mais arrivera-t-on à convaincre ? Je pense que le mal est trop profond à l'heure actuelle. Il faut tenter l'expérience : imposer le service civil, en l'organisant de telle manière qu'il ne soit pas un moyen pour un gouvernement de trouver de la main d'œuvre gratuite, mais en l'organisant de telle manière qu'il permette, de manière efficace, la rencontre entre jeunes de tous horizons, de toutes classes sociales, de tous niveaux d'études, de tous continents. Quelques mois sacrifiés en valent la peine. Je ne prétends pas détenir la clé de tous les maux, je souhaiterais simplement qu'une prise de conscience collective s'éveille. Il ne faut plus attendre. Il faut agir. Vite.

À la découverte de l'Autre

Quand la troupe Saaba venait en France, je me souviens de l'engouement de tous ces publics qui acclamaient longuement ces jeunes Africains venus offrir un spectacle dont les revenus servaient à faire vivre leur école. Quel magnifique échange ! Ils savaient, grâce à leurs danses effrénées, leur propre culture, conquérir des foules qui s'ouvraient à la générosité. J'ai souvent vécu avec eux, jusque dans la lointaine Écosse, ces merveilleux moments de partage.

Les Saaba présentent le « WARBA », une danse traditionnelle du pays mossi

De retour dans leur pays pour du travail que je consacrais aux enfants du village, il était toujours surprenant et réconfortant pour moi de voir arriver des groupes de jeunes venant de ces mêmes publics français venus découvrir le cadre de vie de la troupe. C'était alors le choc des civilisations, tel que je l'avais vécu, la découverte de danseurs et danseuses soudain transformés en cultivateurs maniant la daba[12] ou vendeurs de fripes sur le marché local ou en mères de famille, bébé sur le dos !

Il y eut bien quelques filles venues poursuivre en Afrique une relation d'un soir dans l'euphorie des fins de spectacles en Europe. Celles-ci repartaient, tout espoir vain, déçues et mortifiées. Mais tous les autres partaient à la découverte d'un univers dont ils n'auraient jamais imaginé la pauvreté.

Combien Jérémy et ses camarades étaient fiers et heureux de leur faire découvrir leurs classes paillotes, si humbles et si démunies, mais qui étaient pour eux l'accès au savoir dont ils étaient si fiers. Combien les jeunes Français restaient confondus devant ces classes d'Afrique, si loin d'un confort qui leur semblait pourtant si naturel en France, tellement naturel qu'ils n'y prêtaient plus aucune attention. Si souvent prêts, disaient-ils, à critiquer un détail quelconque plutôt qu'à remercier pour ce qu'on leur offrait !

Me revient à l'esprit un match de foot organisé avant un départ de ces jeunes Français sur le terrain caillouteux du Centre. Quelle ambiance, que de moments forts partagés. L'école au complet, des gens du village constituaient un public chaud, partial dans la démesure, où cris et rires mêlés faisaient chaud au cœur. Qui avait gagné ? Nul souvenir… Seuls, dans ma mémoire, retentissent encore des claquements de mains échangés, revivent ces visages ruisselants de sueur et de poussière mêlés, les yeux brillant d'émotion, donnant libre cours à leur joie.

Ils repartaient, un matin, dans la bâchée qui les ramenait à l'aéroport… des regrets réciproques.

---

12 Daba : sorte de houe, instrument de labour à bras formé d'un manche en bois et d'un fer large légèrement recourbé.

Les jeunes Français repartaient un matin dans la bâchée qui les ramenait à l'aéroport.

Les camions français dans la poussière des routes d'Afrique

Et puis, un jour, plus tard, des camions, dans la poussière des routes, amenaient caisses de livres, matériels scolaires, vélos à réparer et tant de trésors découverts dans un joyeux déchargement L'échange, la Rencontre, avaient porté leurs fruits… Ces jeunes avaient vécu le choc de leur vie, marqués à jamais, j'en suis sûre. Et bien souvent, au retour, ont orienté leur vie vers moins d'égoïsme et plus de solidarité.

L'échange

Si ce Centre Benebnooma peut s'enorgueillir aujourd'hui d'ateliers divers : imprimerie, mécanique, forge... c'est grâce aussi aux suites d'extra-ordinaires Rencontres.

Dans le public chaud d'une soirée nantaise à l'écoute de la troupe Saaba, le responsable d'une importante imprimerie de la ville, ému et compatissant, n'a-t-il pas pensé à ouvrir son savoir, son cœur, le sein de sa famille à un jeune du village durant une année ? Revenu riche de cet apprentissage, Ousmane a pu tenir avec compétence une imprimerie à l'école et former à son tour de jeunes apprentis.

Mêlant leurs danses aux jeunes Africains dans la clôture d'un autre spectacle à l'école de l'Électricité De France de Saint-Affrique, au sud de la France, dans l'esprit des jeunes élèves enthousiastes a germé le noble projet... de venir installer l'électricité à Benebnooma ! Deux ans d'activité à l'école de l'EDF pour réaliser le financement du voyage, l'achat du matériel, et... par un matin lumineux d'Afrique débarquaient sur le terrain du Centre des jeunes de l'école française avec leurs professeurs, le maire et le docteur de Saint-Affrique ! Ils étaient accompagnés d'employés de la *Sonabel*[13] pris au passage à Ouagadougou, la capitale.

13 L'équivalent de l'EDF au Burkina.

Les élèves de l'école EDF de France débarquent sur le terrain de Benebnooma précédés des jeunes africains

Trois semaines que j'ai vécues, inoubliables[14], où les jeunes mêlés des deux continents ont collaboré pour un travail sérieux, bien pensé... Classes et ateliers étaient fermés et tous nos jeunes élèves de Benebnooma ont pu profiter de leurs explications, généreusement offertes, dans la bonne humeur et l'amitié réciproques.

Je pourrais y ajouter l'atelier de mécanique qui, lui aussi, a bénéficié d'une semblable prise de conscience. Quelques exemples, pris au hasard, qui ne font que conforter l'ardente nécessité des connaissances mutuelles.

14 Voir *L'école du manguier*, déjà cité.

Épilogue

Cette Rencontre que je prône avec l'ardeur et la lucidité de celle qui sait que les années de vie lui sont à présent comptées, on ne peut pas l'attendre seulement de rencontres fortuites comme celles qui me reviennent dans mes précieux souvenirs. Mon orientation d'esprit a été totalement bouleversée par mes propres découvertes. J'ai espéré, très sincèrement, voir se poursuivre les actions solidaires qui avaient jailli, spontanément, à mon retour... Comment contrer, à mon humble niveau, ce courant d'égoïsme qui semble nous submerger. Alors j'écris, je soulage ma pensée, je laisse éclater ma colère. C'est vrai, cela ne peut plus durer, j'en ai conscience.

France, novembre 2007. Un pas terrible a été franchi dans l'escalade des haines accumulées. Les armes se sont découvertes, le sang a été versé dans un déluge de feu et de dégradations. En haut lieu, je n'ai entendu que répression sévère, dure, nécessaire c'est vrai... mais aucune prise de conscience collective. Comment en est-on arrivé là ? Cette question n'a jamais été posée.

Qui va se décider à cette ouverture sur la connaissance mutuelle du foisonnement de races, d'idées, de religions... que l'on découvre chaque jour un peu plus dans ce peuple de France. Qui osera reprendre l'idée de ce service civil obligatoire qui a été lancé çà et là dans le feu des promesses de la campagne présidentielle de 2007 ?

Faut-il attendre la prochaine flambée dévastatrice pour comprendre enfin que le service civil, prélude de la Rencontre, s'il n'est pas la panacée universelle, serait au moins un grand pas de franchi vers la consolidation de la fracture sociale qui mine le pays.

Puisse l'avenir me donner raison. Si je n'ai pas le bonheur de voir la réalisation de cette modeste alternative à nos problèmes si récurrents, puissent les générations qui montent en profiter avant que n'explose, peut-être, un déferlement de haine trop longtemps contenue.

Alors sans perdre de temps, semons généreusement les graines de la Rencontre. Une moisson inattendue d'espoirs peut en éclore.

L'HARMATTAN, ITALIA
Via Degli Artisti 15 ; 10124 Torino

L'HARMATTAN HONGRIE
Könyvesbolt ; Kossuth L. u. 14-16
1053 Budapest

L'HARMATTAN BURKINA FASO
Rue 15.167 Route du Pô Patte d'oie
12 BP 226
Ouagadougou 12
(00226) 76 59 79 86

ESPACE L'HARMATTAN KINSHASA
Faculté des Sciences Sociales,
Politiques et Administratives
BP243, KIN XI ; Université de Kinshasa

L'HARMATTAN GUINEE
Almamya Rue KA 028
En face du restaurant le cèdre
OKB agency BP 3470 Conakry
(00224) 60 20 85 08
harmattanguinee@yahoo.fr

L'HARMATTAN COTE D'IVOIRE
M. Etien N'dah Ahmon
Résidence Karl / cité des arts
Abidjan-Cocody 03 BP 1588 Abidjan 03
(00225) 05 77 87 31

L'HARMATTAN MAURITANIE
Espace El Kettab du livre francophone
N° 472 avenue Palais des Congrès
BP 316 Nouakchott
(00222) 63 25 980

L'HARMATTAN CAMEROUN
BP 11486
Yaoundé
(00237) 458 67 00
(00237) 976 61 66
harmattancam@yahoo.fr

Achevé d'imprimer par Corlet Numérique - 14110 Condé-sur-Noireau
N° d'Imprimeur : 58893 - Dépôt légal : avril 2009 - *Imprimé en France*